Odalys Interián

Nos va a nombrar ahora la nostalgia
Ci nomina adesso la nostalgia

III Premio Internacional
'Francisco de Aldana'
de Poesía en Lengua Castellana
Circolo Letterario Napoletano

Traducción al italiano por Stefania Di Leo

NOS VA A NOMBRAR AHORA LA NOSTALGIA
CI NOMINA ADESSO LA NOSTALGIA
POESÍA

© Odalys Interián 2018
© Lyrics & Poetry Editions

Traducción al italiano: Stefania Di Leo
Revisión editorial: Lilliam Moro.
Foto de portada Miguel Elías:
Un cuadro de 1993, un retrato que hizo
a su querida sobrina Celine Justel Muldermans.

ISBN-13: 9780999714935

Todos los derechos reservados. Esta publicación no puede ser reproducida, completa o parcialmente, ni registrada en/o transmitida por un sistema de recuperación de información, en ninguna forma ni por ningún medio sea mecánico, magnético, por fotocopia o cualquier otro sin el permiso previo de la editorial Lyrics & Poetry Editions Corp.

Un jurado, presidido por el poeta peruano-español Alfredo Pérez Alencart, profesor de la Universidad de Salamanca, e integrado por los destacados poetas José Mármol (República Dominicana), Lilliam Moro (Cuba), Juan Antonio Massone, Beppe Costa (Italia), Ana Cecilia Blum (Ecuador, Antonino Caponnetto (italia) y Stefania Di Leo (Italia), como directora del Il Circolo Letterario Napoletano, entidad convocante, el 20 de junio de 2018 concedió -por mayoría- el III Premio Internacional 'Francisco de Aldana' de Poesía en Lengua Castellana, al libro Nos va a nombrar ahora la nostalgia, de la cubana Odalys Interian.

Una giuria, presieduta dal poeta peruviano-spagnolo Alfredo Perez Alencart, professore presso l'Università di Salamanca, e composta dagli illustri poeti José Marmol (Repubblica Dominicana), Lilliam Moro (Cuba), Juan Antonio Massone, Beppe Costa (Italia), Ana Cecilia Blum (Ecuador), Antonino Caponnetto (Italia) e Stefania Di Leo (Italia), come direttore de il Circolo Letterario Napoletano, entità convocante il 20 giugno 2018 -per maggioranza ha assegnato il III Premio Internazionale 'Francisco de Aldana' di poesia in lingua spagnola, al libro Ci nomina adesso la nostalgia, della cubana Odalys Interian.

INTRODUCCIÓN
INTRODUZIONE

Antonino Caponnetto

Si la nostalgia se puede contar entre las enfermedades (Johannes Hofer), ciertamente sería una enfermedad mortal. En el sentido *kierkegaardiano* más extendido e interno, en lo que con este libro podemos pensar. La nostalgia, humor gemelo a la melancolía, es un sentimiento sutil que puede ubicarse mucho más allá del significado del exilio al que se refiere, y que Odalys Interian trata de forma dòcil, y a la vez magistral. El titulo Nos va a nombrar ahora la nostalgia lo podemos poner más allá de su propia etimología (nosotros, retorno - dolor) y la aflicción causada por un regreso imposible a la patria (Ulises). Lo que la experiencia nostálgica evoca de una manera lata es la sensación de pérdida (orígenes, cosas, años, personas, pérdidas) que acompaña a la pérdida con respecto al tiempo que ha pasado y que pasará (sensaciones conocidas y difundidas por Proust y Leopardi).
 Así que la nostalgia parece la más oblicua de los sentimientos, la más grande, rota, incontrolable e impalpable. En otras palabras, el sentimiento más cercano a la conciencia. Aún según lo que sintió Odalys Interián:

Todo narrado
la tormenta de todos los silencios
también la soledad cromándose en su eclipse.
Todo se completa y se organiza.
La sílaba en su polen
esa llamarada de nostalgias
que imponen las nostalgias.

La nostalgia neologismo acuñado en 1688 por Johannes Hofer, daba un nombre a la enfermedad de soldados suizos reclutados en ejércitos extranjeros, ha contratado a más apropiadamente

con modernidad, esos cánones sentimentales que son propios de él y lo caracterizan. Al otro lado de la literatura - clínica y el tout court, así como la épica, la filosofía, y - en esta nueva edición ampliada - incluso la poesía, "la historia de un" sentimiento montado por Odalys Interian desarrolla para trayectorias multidireccionales (estaciones, relecturas, relaciones, recaídas, hermenéutica del concepto de nostalgia), en un libro lleno de épos y lucidez.
En este libro se elabora otro elemento de su léxico personal de emociones. Aquí se narra la nostalgia herida, con sus palabras temáticas colaterales: la de la memoria, la del tiempo, la de la patria perdida, la de la infancia. Pero también está la nostalgia de la muerte, la de un rostro que, como dijo Rilke, nos acompaña, a veces, inalcanzable; y también la nostalgia de la vida cuando la enfermedad está en nosotros, o en el dolor que el amor causa.
 La nostalgia abierta a la esperanza es diferente de la petrificada en el pasado. Hay nostalgias heridas por el dolor y nostalgias que se salvan. Obviamente, significa referirse a Leopardi y a Proust, pero también a Emily Dickinson y Guido Gozzano. Por último, la nostalgia puede entenderse como una recuperación del pasado: como un don de significado; como antítesis, también, al dragón de la indiferencia que conduce al desierto de las emociones.

****

Se la nostalgia può essere annoverata tra le malattie (Johannes Hofer), sarebbe sicuramente una malattia mortale. Nel senso più esteso ed interno di Kierkegaardiano, in ciò che con questo libro possiamo pensare. Nostalgia, malinconia umorismo doppia, è un sentimento sottile che può essere situato ben al di là del significato dell'esilio a cui si riferisce, e Interian Odalys è così docile, e allo stesso tempo magistrale. Il titolo Ci nomina adesso la nostalgia va oltre la sua stessa etimologia (noi, ritorno - dolore) e l'afflizione causata da un impossibile ritorno alla patria (Ulisse). Ciò che l'esperienza nostalgica evoca un possibile così è il senso di perdita

(origini, cose, anni, le persone, le perdite) che accompagna la perdita nel corso del tempo che è accaduto e che accadrà (sensazioni conosciuta e diffusa da Proust e Leopardi).
Quindi la nostalgia sembra il più obliquo dei sentimenti, il più grande, rotto, incontrollabile e impalpabile. In altre parole, la sensazione più vicina alla coscienza. Ancora secondo quello che sentiva Odalys Interian:

Tutto narrato
la tempesta di tutti i silenzi
anche la solitudine cromica nella sua eclissi.
Tutto è completato e organizzato.
La sillaba nel tuo polline
quel bagliore di nostalgia
che impongono nostalgia.

Il neologismo nostalgico coniato nel 1688 da Johannes Hofer, ha dato un nome alla malattia dei soldati svizzeri reclutati in eserciti stranieri, ha assunto più appropriatamente con la modernità, quei canoni sentimentali che sono i suoi e lo caratterizzano. Dall'altra parte della letteratura clinica e tout court, così come l'epica, la filosofia, e - in questa nuova edizione estesa - anche la poesia, "la storia di un" sentimento creato da Odalys Interian si sviluppa per traiettorie multidirezionali (stagioni, riletture, relazioni, recidive, ermeneutica del concetto di nostalgia), in un libro pieno di poesia e lucidità.
In questo libro viene elaborato un altro elemento del suo lessico personale sulle emozioni. Qui viene narrata la nostalgia ferita, con le sue parole tematiche collaterali: quella della memoria, quella del tempo, quella della patria perduta, quella dell'infanzia. Ma c'è anche la nostalgia della morte, quella di una faccia che, come dice Rilke, ci accompagna, a volte irraggiungibile; e

anche la nostalgia della vita quando la malattia è in noi, o nel dolore che l'amore causa.
La nostalgia aperta alla speranza è diversa da quella pietrificata nel passato. Ci sono nostalgie ferite dal dolore e dalla nostalgia che vengono salvate. Ovviamente, significa riferirsi a Leopardi e Proust, ma anche a Emily Dickinson e Guido Gozzano. Infine, la nostalgia può essere intesa come una ripresa dal passato: come un dono del significato; come antitesi, anche, al drago dell'indifferenza che conduce al deserto delle emozion

NOTA DE LA TRADUCTORA
NOTA DELLA TRADUTTRICE

Stefania Di Leo

Hay sentimientos más llevaderos que otros; sin embargo, el de la nostalgia puede llegar a doler. Vaya plan perderse en el laberinto del tiempo sin poder salir de él sin sufrir, añorando un regreso imposible. No obstante, algunas personas descubren en tal pasión una forma adictiva de vivir, un refugio para su incomprensible vida, un exilio interior que llena los vacíos de su existencia. He traducido este libro simple a la apariencia, complejo en sus matices, con muchísima compasión. Como afirma (E. M. Cioran) "Los únicos acontecimientos importantes de una vida son las rupturas. Ellas son también lo último que se borra de nuestra memoria". La palabra nostalgia se nutre, en su raíz griega, de nostos, que viene de nesthai (regreso, volver a casa), y de algos (sufrimiento). Podría definirse entonces la nostalgia como el sufrimiento causado por el deseo incumplido de regresar. Según adónde queramos regresar podremos observar, al menos, tres formas diferentes de nostalgia. La primera es la puramente sentimental, una especie de lamento de las pérdidas de nuestra vida, como pueden ser, por ejemplo, los amores pasados. No es de extrañar que el primer amor sea aquel al que siempre regresamos, sobre todo cuando las cosas no nos van bien en las relaciones actuales, o por ausencia de ellas. Parece que encontramos refugio regresando al centro de los días en los que la única preocupación era descubrir el dulce sabor de los primeros besos. Siendo como es un bonito recuerdo, con la nostalgia se convierte en una desesperanza. Atesoramos experiencias cuyo significado ha calado tan hondo en nuestra existencia, que su inesperado recuerdo nos traslada has ta ese mismo instante en el que logramos aquel éxito, en el que surgió el amor, en el que vivimos con intensidad, en el que descubrimos a Dios o en el que nos pareció que estábamos cambiando el mundo. Tal vez no repetiríamos los mismos acontecimientos, pero qué duda cabe que volveríamos gustosos a envolvernos de los mismos sentimientos. Cuando celebramos la nostalgia" El crepúsculo de la desaparición lo baña todo con la magia de la nostalgia" (Milan Kundera)

Es una manera de permanecer a través del tiempo, lejos de abrir los ojos a su realidad más inmediata, tal vez más oscura que la de aquellos años que fueron tan felices. Por supuesto, es una falacia, una interesada comparación, porque ni aquellos días fueron tan increíbles, ni los de ahora son tan grises. Ocurre, eso sí, que al creer con convicción en el determinismo del pasado, todo lo bueno que exista ahora en sus vidas será difuminado para no estropear el añorado recuerdo con el que se quiere vivir.

Elogiar el tiempo pasado desde la gratitud puede entenderse como un acto de alineamiento interior. Poder mirar atrás, lo vivido, en paz y tranquilidad. No se trata de evitar una presencia nostálgica, sino integrarla como parte del inmenso don de haber podido vivir momentos de tanta plenitud. Sin embargo, cuando todo "era mejor antes" tenemos un problema existencial. No existe armonía entre lo vivido y el ahora y el aquí. La nostalgia entonces deviene una armadura contra lo real. Una obsesión del regreso.

Sin embargo si nos fijamos en el mundo del retorno, podemos mirar hacia el mundo griego. "Nada hay tan dulce como la patria y los padres propios, aunque uno tenga en tierra extraña y lejana la mansión más opulenta" (Homero) La última de las nostalgias que estamos observando tiene mucho que ver con la idea del regreso a casa. Es la nostalgia de los griegos convertida en mito a través de la figura de Ulises, en su larga travesía de retorno a Ítaca. Vivir puede asemejarse a un largo viaje, lleno de aventuras, de infortunios, de alegrías, tristezas, azares y desesperanzas. Sin embargo, detrás de cada envite, de cada puerto visitado, de cada amor entretenido, persiste la nostalgia de volver al hogar. Uno anda buscando siempre la manera de regresar a casa, como símbolo del encuentro con la propia paz interior.

Ci sono sentimenti più sopportabili di altri; tuttavia, la nostalgia può far male. Pianifica di perdersi nel labirinto del tempo senza poter partire senza soffrire, desiderando un ritorno impossibile. Inoltre, alcune persone scoprono in questa passione un modo di vivere avvincente, un rifugio per la loro vita incomprensibile, un esilio interiore che riempie le lacune della loro esistenza. Ho tradotto questo libro semplice in apparenza, complesso nelle sue sfumature, con molta com-passione. Come afferma (E. M. Cioran) "Gli unici eventi importanti di una vita sono le rotture, sono anche l'ultima cosa che viene cancellata dalla nostra memoria". La parola nostalgia è nutrita, nella sua radice greca, di nostos, che viene da nesthai (ritorno, ritorno a casa), e da algos (sofferenza). La nostalgia potrebbe quindi essere definita come la sofferenza causata dal desiderio insoddisfatto di ritornare. Secondo dove vogliamo tornare possiamo osservare, almeno, tre diverse forme di nostalgia. Il primo è il puramente sentimentale, una specie di lamento per le perdite della nostra vita, come, per esempio, gli amori del passato. Non sorprende che il primo amore sia quello a cui torniamo sempre, soprattutto quando le cose non stanno andando bene nelle relazioni attuali o a causa della loro assenza. Sembra che troviamo

rifugio per tornare al centro dei giorni in cui l'unica preoccupazione era scoprire il dolce sapore dei primi baci. Essere come è un bel ricordo, con la nostalgia diventa una disperazione. Facciamo tesoro di esperienze il cui significato è penetrato così profondamente nella nostra esistenza, che il loro ricordo inaspettato ci porta nel momento in cui abbiamo raggiunto quel successo, in cui è sorto l'amore, in cui viviamo con intensità, in cui scopriamo Dio o in cui sentivamo di cambiare il mondo. Forse non ripeteremo gli stessi eventi, ma senza dubbio saremmo lieti di avvolgere gli stessi sentimenti. Quando celebriamo la nostalgia "Il crepuscolo della scomparsa bagna tutto con la magia della nostalgia" (Milan Kundera).
È un modo per rimanere nel tempo, lontano dall'aprire gli occhi alla realtà più immediata, forse più oscura di quella di quegli anni così felici. Certo, è un errore, un paragone interessante, perché anche quei giorni non erano così incredibili, né quelli ora così grigi. Succede, sì, che credendo con convinzione nel determinismo del passato, tutto il bene che esiste ora nelle loro vite sarà offuscato in modo da non rovinare la memoria tanto desiderata con la quale si vuole vivere. Lodare il tempo passato dalla gratitudine può essere inteso come un atto di allineamento interiore. Essere in grado di guardare indietro, vissuto, in pace e tranquillità. Non si tratta di evitare una presenza nostalgica, ma di integrarla come parte dell'immenso dono di aver potuto vivere momenti di tale pienezza. Tuttavia, quando tutto "era meglio prima" abbiamo un problema esistenziale. Non c'è armonia tra il vissuto e l'ora e il qui. La nostalgia diventa quindi un'armatura contro il reale. Un'ossessione per il ritorno. Tuttavia, se guardiamo al mondo del ritorno, possiamo guardare al mondo greco. "Nulla è dolce come la patria e gli stessi genitori, sebbene si ab-

bia in una terra strana e lontana la villa più opulenta" (Omero). L'ultima nostalgia che stiamo osservando ha molto a che fare con l'idea di tornare a casa. È la nostalgia dei greci convertiti in mito attraverso la figura di Ulisse, nel suo lungo viaggio di ritorno a Itaca. Vivere può sembrare un lungo viaggio, pieno di avventure, disgrazie, gioie, dolori, pericoli e disperazione. Tuttavia, dietro ogni palo, di ogni porto visitato, di ogni amore divertente, la nostalgia del ritorno alla casa persiste. Si è sempre alla ricerca di un modo per tornare a casa, come simbolo dell'incontro con la propria pace interiore

III PREMIO INTERNACIONAL 'FRANCISCO DE
ALDANA' DE POESÍA EN LENGUA CASTELLANA
(Italia) 2018.

NOS VA A NOMBRA AHORA LA NOSTALGIA

Y esto es el día:
Sílabas azules y las palomas
perseguidas por el llanto.
Antonio Gamoneda.

Odalys Interián

III PREMIO INTERNAZIONALE 'FRANCISCO DE ALDANA'
De POESIA DI LENGUA CASTELLANA
(Italia)2018

CI NOMINA ADESSO LA NOSTALGIA

*E questo è il giorno: sillabe azzurre
e colombe inseguite dal pianto.
   Antonio Gamoneda*

Este es el tiempo que soñó la demencia
este era el carrusel discreto de las luces ceremoniales
que ardían al sol.

Este es el hombre poseído por la tierra
y sus desórdenes.
Por las cosas y la frialdad de las cosas.

Y la palabra nulidad trayéndoles a Dios /
la desmemoria ese circo sagrado que es la rutina.

Esta es la costumbre /la fuerza cortada en sus
desmayos el pequeño limbo de horror que llenan los
hijos.
Se quedan las palabras
arena y cal /se quedan los brazos en forma de cruz.

Aquí respiramos dolor

el tiempo en sus quebradas sajaduras esas figuras
empaladas/los desgarres
la soledad tan sola de la indiferencia.

Questo è il tempo in cui è risuonata la demenza
questa era la discreta giostra delle luci e delle cerimonie
che bruciavano al sole.

Questo è l'uomo posseduto dalla terra e dai suoi disordini.
A causa delle cose e della freddezza delle cose.

E la parola nullità che porta a Dio / l'oblio del circo
sacro che è la routine.

Questa è l'usanza / la forza tagliata nei suoi svenimenti
incita il piccolo limbo di orrore che riempiono i figli.
Le parole sembrano
sabbia e calce / le braccia sembrano a forma di croce.

Qui respiriamo il dolore

il tempo nei loro pungidita spezzate
quelle figure impalate / le lacrime
la solitudine così sola dell'indifferenza.

Aquí la soledad es una dádiva

Flor medusa que transpira la noche
los puzles /las vidrieras apagadas
de un país.

Porque un país también es un absurdo cuando anda
en ese pésimo disfraz.

Sigue el amor en su escombro de luces frías el
hombre en su ronda y rutina de desamor.
Aquí también la soledad deja a la muerte sin oficio.

Ronda la desmemoria
Llega la luz y nos descubre
nos sorprende la claridad
en el silencio que no supimos escribir.

Nos va a nombrar ahora la nostalgia.

Qui, la solitudine è un regalo

Fiore di Medusa che traspira la notte
i puzzle / le vetrate spente
di un paese.

Perché un paese è anche un assurdo
 quando si trova in un disgustoso travestimento.

Segue l'amore nei suoi detriti di luci fredde
l'uomo nella sua routine rotonda e straziante.

Anche qui, la solitudine lascia la morte
senza un'occupazione.

 Ruota il non ricordare.
La luce arriva e ci scopre
 la chiarezza ci sorprende
nel silenzio che non sapemmo scrivere.

 Ci nomina adesso la nostalgia.

Habrá que demoler las raíces
que crecen /los desamparos.

Habrá que cortar el aire de un tajo
para no ser semilla.
Seguir esparcidos rozando la agonía
en su candor de libertades.

Habrá que inventarse un nombre y otra cabeza.
Volverse pájaro
andar ligero en el disparo abierto de la luz
en la estrechez agónica del sol.

Habrá que morirse
en un tramo tranquilo lejos de la sal.
Inventarse el olvido y otra memoria.

Habrá que aferrarse a esta ciudad
enfrentar *la maldita circunstancia*
del agua por todas partes.
Olvidar que la felicidad es un escombro
un rayo mitigado de la luz
empobreciendo las nostalgias.

Si dovranno demolire le radici
che crescono / le impotenze.

Si dovrà tagliare l'aria con uno squarcio
per non essere seme.
Continuare sparsi sfiorando
 l'agonia nel suo candore delle libertà.

Si dovrà inventare un altro nome e un'altra testa.
Si dovrà diventare uccelli
Camminare leggeri nel campo aperto della luce
nell'angosciosa angustia del sole.

Si dovrà morire
in un tratto tranquillo lontano dal sale.
Si dovrà inventare l' oblio e un' altra memoria.

Dovremo aggrapparci a questa città
per affrontare la dannata circostanza
dell'acqua dappertutto.
Dimenticando che la felicità è una macerie,
un raggio mitigato dalla luce,
che impoverisce la nostalgia.

En esta ciudad que no es mi casa
Aquí todo el aire es espanto
ausencia y ausencia.
El horror crece en nuestro lugar
desnuda la palabra necesaria
dónde esconder las voces
el peligroso latido extranjero.
Si regresar es la palabra prohibida
qué temblor despertará la sangre.
Con qué palabra construiremos el futuro.

Aquí se anula el sol
el silencio es una guillotina
que cae.

Aquí también se muere sin la muerte.

II
Y la ciudad en el humo
como una estación envejecida
y fatal
subiendo de golpe
como un templo apagado.

Y el corazón en la sombra azul del agua
sobre la llovizna
cayendo.

In questa città che non è la mia casa
Qui tutta l'aria è paura
assenza ed assenza.
L'orrore cresce al posto
nostro spogliare la parola necessaria
dove nascondere le voci
il pericoloso battito straniero.
Se il ritorno è la parola proibita
ciò che trema risveglierà il sangue.

Con quale parola costruiremo il futuro.
Qui il sole è annullato il silenzio
è una ghigliottina
che cade.

Anche qui si muore senza morte.

II E la città nel fumo
come una stazione invecchiata e fatale
salendo improvvisamente
come un tempio spento.
E il cuore nell'ombra blu dell'acqua
sulla pioggerellina
caduta

Pálpame ciudad
la cal   /la sed   /el ojo náufrago.
Mi cabeza es una isla en su tramo rocoso.
Hierbe la palabra en sus gajos de sol
otra melancolía despojada de sombra.

Todo me fue robado
Luz y palabra /cruz y fiebre /vértebra y llama.

Encima de la luz como un animal doblado
me arrojan los vértigos.

Las cosas del silencio atraviesan esta pared
que se llena de ojos.
La carne en su lustroso fruto de soledades.

Ábreme ciudad
el corazón es drupa caliente
cuando lo encuentra el viento.

Sigo en la espiga lavada de esa lluvia
un girasol borrado.

Palpa ese limbo donde envejezco.
También la luz es cruel
me arranca de un tajo la esperanza.

Palpami città.

la calce / la sete / l'occhio naufrago.
La mia testa è un'isola nel suo tratto roccioso.
Scintilla la parola nei suoi tramonti di sole
un'altra malinconia spogliata d'ombra.

Tutto mi è stato rubato
Luce e parola / croce e febbre / vertebra e fiamma.

Al di sopra della luce come un animale piegato,
 sono sopraffatta dalle vertigini.

Le cose del silenzio attraversano
questo muro che si riempie di occhi.
La carne nel suo frutto luminoso di solitudini.

Aprimi città il cuore che è caldo,
drupa quando il vento lo trova.

Ho un girasole cancellato
nella punta lavata di questa pioggia.
Senti quel limbo dove invecchio.
Anche la luce è crudele
attingo la speranza da uno squarcio.

También tuve un país
sobre los muertos
que lloraron mi sombra.

Una ciudad
sobre un ramo de luces frías.
Irrepetible
un poema y un largo silencio.

También tuve un mar
aguas temblorosas que marcaban los abismos.

Hilada entre mis manos
interminable el agua
esparciendo el espejismo
y las nostalgias.

Ho avuto inoltre un paese
fatto di morti
che hanno pianto la mia ombra.

ed una città su un mucchio di luci fredde.

Irripetibile
un poema ed un lungo silenzio.

Anche ho avuto un mare
di acque tremanti che segnavano gli abissi.

Filata tra le mie mani
interminabile l' acqua
che diffonde il miraggio
e nostalgie.

Porque hay islas que se quedan
pequeños tramos de claridad
sobre la sombra acariciable.

Tierra siempre lúcida qué rima darte
qué pequeño escalofrío vendrá de ti.

Carne de isla infinita
cuya raíz es agua
un agua repetida y sorda
anulándose.

Porque hay islas que nunca se apagan
que siguen doliendo.
Límpida tierra/impalpable y nuestra
se queda el resplandor de la tarde
la marea circular y suicida
los muertos que regresan a ti.

Isla pródiga intocable
una larga cicatriz sobre el ayer
diseñándonos la ruta y las memorias.

Perché ci sono isole che rimangono
piccoli tratti di chiarezza
sull'ombra carezzevole.

Terra sempre lucida
fa rima donarti
quel piccolo brivido che da te verrà.

Carne di un'isola infinita la cui radice è l'acqua
ripetuta e sorda
che si annulla.

Perché ci sono isole che non si spengono mai
 che continuano a ferire.
Terra pulita / impalpabile e nostra
rimane il bagliore del meriggio
la marea circolare e suicida,
rimangono i morti che tornano a te.

Isola prodiga intoccabile
una lunga cicatrice su ieri
proiettando il percorso e le memorie.

La palabra isla trae un extraño sonido
ruidos /días manchados de temblor
de líquenes oscuros
de nombres y de ahogados.

Nunca está llena la palabra isla
la atestan las nostalgias
la miro como miran los pájaros
esa corriente infinita que los arrastra hasta el sol.

Una palabra siempre llena de mar
de muchas criaturas
de cuerpos azules desmembrados.

Y la palabra isla
y los tiernos ahogados
acunados en sus ruidos de agua.

La posesión existe
existe el olor de la muerte
mezclándose aquí con la palabra isla.

La parola isola ha uno strano suono
rumori/ giorni macchiati dal tremore
di licheni scuri
di nomi e di annegati.

Non è mai piena la parola isola
è piena di nostalgie,
la guardo mentre gli uccelli guardano
quella corrente infinita che li trascina al sole.

Una parola sempre piena di mare
di molte creature
di corpi celesti smembrati.

E la parola isola e i teneri affogati
cullati fra i rumori della sua acqua.

Il possesso esiste
esiste l'odore della morte che si mescola
qui con la parola isola.

Lo que anhelé
ese polvo de estrella en sus vísperas
la ceniza vidente que recoge el crepúsculo
bajo las lunas nuevas.

Pero termina por borrarme
el blanco consumado del silencio
la tristeza abierta como cuchillo
esa verdad insistiendo.

Y fue del sol el pedazo ignorado
y fue el murmullo asesino de la sombra
la noche en su líquido reflejo
hundiendo las palabras
toda las palabras
en esa caricia de la luz que sobrevive.

Ciò che anelai
quella polvere di una stella dei vespri
la cenere veggente che raccoglie il crepuscolo
sotto le lune nuove.

Ma finisce per cancellarmi
il bianco consumato del silenzio
 la tristezza aperta come un coltello
questa verità che insiste.

E fu del sole un pezzo ignorato
ed era il mormorio assassino dell'ombra
la notte nel suo liquido riflesso
che affondava le parole
tutte le parole
in quella carezza della luce che sopravvive.

Que ceniza nos compone
y viene a beber al sol el viejo músculo.
La ciudad que florece
sobre un montón de huesos secos.

Bajo los signos
la lluvia que interroga
y uno puede juntar esas mitades
ir desgranándose en el tramo húmedo
en la abierta señal.

Deberían curarnos las palabras
palabras para llenar la muerte
con una sombra viva
para regar la oscuridad así sin ojos.

Che cenere ci compone
e viene a bere al sole il vecchio muscolo.
La città che fiorisce
su un mucchio di ossa secche.

Sotto i segni
la pioggia che interroga
e si possono unire due metà
si possono sgranare nel tratto umido
nel segno aperto.

Dovrebbero guarirci le parole
parole per riempire la morte
con un'ombra vivente
per annaffiare l'oscurità così cieca.

Sin embargo... No veo en sus heridas ninguna rosa y las estrellas, sobre ellos, permanecen blancas.
Adonis

Todo es esa línea en su fugaz llovizna
un desorden.

La excitación de la gloria
en su miseria inquietante.

Los muertos en su trillado néctar
y laberinto.

La tierra en su helada sombra
Desgranándose.
Pájaros en sus raíces y duelos
en sus cordajes de espuma negra.

Una palabra viene de la muerte.

Ahora el futuro es una pregunta
una brizna de polen sobre el abismo.

Odalys Interián

E invece ... Non vedo alcuna rosa nelle sue ferite e le stelle sopra di esse rimangono bianche.
Adonis

Questa linea nella sua fugace grandine
è tutto un disordine.

L'eccitazione della gloria
nella sua miseria inquietante.

I morti nel loro banale nettare
e labirinto.

La terra nella sua ombra gelida
che si sgrana.
Uccelli nelle loro radici e dolori
nei loro cordami di schiuma nera.

Una parola viene dalla morte.

Ora il futuro è una domanda
brina di polline sull'abisso.

Me irrita ese viejo color
que puede astillarse en la peor seguía.
La ignorada verdad.

La luna de siempre
pudriéndose bajo los olmos.

El estúpido aullido del corazón
en su espesa llovizna.

También el verano
el gris-ajenjo de las lámparas
hundidas en la frescura del color.

La soberbia lastima si se bebe en silencio
la desnudez de esos abismos
bajo el mismo temblor.

Mi irrita quel vecchio colore
quello che si può scagliare nel peggior seguito.
L' ignorata verità.

La luna di sempre
marcendosi sotto gli olmi.

Lo stupido ululato del cuore
nella sua fitta pioggerellina.

Anche l'estate
l'assenzio grigio delle lampade
affondato nella freschezza del colore.

L'orgoglio fa male se si beve in silenzio
la nudità di quegli abissi
sotto lo stesso tremore.

Qué nudo rompe la palabra
qué abismada indiferencia
cuelga de la luz.

Bajo los clavos las mismas miserias.
Lunas enfermas sobre sus tallos
de fiebre amanecida.

Ahora el silencio ignora
el temblor del agua
el tumulto único del corazón
en su llovizna.

Ahora la noche en su candor
y todo es silencio:
la derramada soledad
sobre nosotros.

Quale nodo spezza la parola
che indifferenza abissale
si appende alla luce.

Sotto le unghie le stesse miserie.
Lune malate sul loro stelo
di febbre all'alba.

Ora il silenzio ignora
il tremore dell'acqua
l'unico tumulto del cuore
nella sua lieve pioggia.

Ora la notte è nel suo candore
tutto è silenzio:
la solitudine si versa
su di noi.

La herida crece
el odio   /estos rojos gusanos
que comienzan a excavar nuestra carne.

La soledad escoge sus lluvias
y nos escoge.

El trigo en su hambre
bicéfalo comienza a hilarse.

Nada salva a mi ojo
ciclópea la luz en su fronda
el mundo en su oloroso estiércol.

Todo está en la helada
las llagas /mis muertos
la mañana en su carrusel de preguntas.

La ferita fa aumentare
l'odio / questi vermi rossi
Iniziano a scavare la nostra carne.

La solitudine sceglie le sue piogge
e ci sceglie.

Il grano nella sua fame
bicefala inizia a girare.

Niente salva il mio sguardo
ciclope la luce nella sua fronda
il mondo nel suo letame odoroso.

Tutto si trova nel gelo
le ferite / i miei morti
la mattina sul suo carosello di domande.

Amenaza lo armónico del amor
ese ejercicio estridente de la luz
en el vértigo infiel de las palabras.

La esperanza no es de los muertos
tampoco el miedo
y sin embargo los siento temblar
los oigo retorcerse en su semilla
castrada bajo el fuego.

Los oigo memoriosos agonizar hasta el fin.

Roja es la pérdida y terrible el sol.
Ese jadeo de la luz hundiendo
una espiral de cruces.

Doblegados sobre un viento marchito
Intocables
añadidos y sin remedio.

Un puñado de muertos nos miran la soledad.

Minaccia l'armonia dell'amore
quello stridente esercizio di luce
nella vertigine infedele delle parole.

La speranza non è dei morti
né paura
eppure li sento tremare
li vedo contorcersi nel loro seme
castrato sotto il fuoco.

Ti sento penosamente in memoria fino alla fine.

Il rosso è la perdita e il sole è terribile.
Che ansima di luce che affonda
una spirale di croci.

Piegarsi su un vento appassito
intoccabili
aggiunto e senza rimedio.

Una manciata di morti guarda la nostra solitudine.

No sé qué circo
viene a colgarnos de la muerte
qué odio se vuelve eco de otros odios.

Sigue el hombre
en esa ceguera larga que es la soledad.

Repárteles la noche
repárteles la sombra que les gustó
ahí estarán sus sembradíos.

Y dale a cada cual según su perdón
el pan /el vino prodigado /sus limosnas
dales el poema /la sílaba viva
excomulgando el sol
las flores tiernísimas del silencio
en su espacio insalvable.

Non so che circo
viene ad impiccarci dalla morte
o che odio diventa eco di altri odi.

Continua l'uomo
in quella lunga cecità che è la solitudine.

Dai loro la notte
dai loro l'ombra che amavano
li si troveranno i suoi raccolti.

E dai a ciascuno secondo il suo perdono
pane / vino prodigo / la tua elemosina
dai loro il poema / la sillaba vivente
scomunicando il sole
i teneri fiori del silenzio
nel suo spazio invalicabile.

Sobre un montón de huesos
crece la tarde.
La ciudad en su cóctel de sombras amargas.
Alguien canta en el abrazo de sal
de esas gaviotas.

También el mar es una suerte de ruleta rusa
es otro campo de exterminio.

Ay de esta tierra
el aire es un absurdo
termina desbrozando toda la claridad.

Aire y aire golpeando la palabra.

La oscuridad es mudanza
otra ceniza derramándose.

El silencio caerá   /también la noche
la estación inconclusa
las cosas que pesan sobre el tiempo.

Nadie nos cuidará.
Muere lo vivo.

Su un mucchio di ossa
il meriggio cresce
La città nel suo cocktail di ombre amare.
Qualcuno canta nell'abbraccio di sale
di quei gabbiani.

Il mare è anche una specie di roulette russa
È un altro campo di sterminio.

Guai a questa terra
l'aria è un'assurdità
finisce per chiarire tutta la chiarezza.

Aria ed aria colpisce la parola.

L'oscurità si sta muovendo
un'altra fuoriuscita di cenere.

Il silenzio cadrà / anche la notte
la stagione incompiuta
le cose che pesano in tempo.

Nessuno si prenderà cura di noi.
Muore ciò che è vivo.

Qué vísceras lucirá la mañana
qué corazón se hilará
bajo el fardo de recuerdos amontonados.

Aquí plantaron el olvido.

Voy mendiga
en el acto organizado de la sombra.

La ceniza sigue creciendo la ceniza
los desmanes del amor sin fruto
en su airada libertad.

Fui elegida para habitar ciertas palabras
un pan en mi lengua
repartiéndose.

Hoy hablaré por todos.

Dime señor
qué palabra le daremos al odio
con qué palabras se canta la nostalgia.

Che viscere rifletteranno la mattina
quale cuore si filerà
sotto il fascio di ricordi accumulati.

Qui hanno piantato l'oblio.

Ho intenzione di elemosinare
nell'atto organizzato dell'ombra.

Continua a cenere la cenere
gli eccessi dell'amore senza frutto
nella sua rabbiosa libertà.

Sono stato scelto per abitare certe parole
un pane sulla mia lingua
divisione.

Oggi parlerò per tutti.

Dimmi, Signore
quali parole daremo all'odio?
con quali parole si canta la nostalgia.

Levadura de la muerte
eso que estrena el rayo en su candor.

Fiebre y vigilia desamparándonos.

Hombre en todos los vestigios
que desbordan tu sangre.

Celebra la noche con cantos embebidos de exilio.

Celebra la piedad
el oscuro montón de agonías que crecen.

En desvelo el hombre
en vela para siempre
en su limosna.
Insepulta la boca
ese trago donde se bebe el luto
la inmortalidad de la palabra
en su respiración final.

Lievito di morte
quello che apre il raggio nel suo candore.

Febbre e veglia ci abbandonano.

L'uomo in tutte le vestigia
che trabocca il tuo sangue.

Festeggia la notte con canzoni imbevute di esilio.

Festeggia la misericordia
il mucchio scuro di agonie che crescono.

Nella veglia l'uomo
a candela per sempre
nella tua elemosina
Inspirare la bocca
quella bevanda dove si beve il lutto
l'immortalità della parola
nel tuo ultimo respiro.

Escucha a los que mienten
ellos derraman la sed
las semillas de la vida en esa tortuosidad.

Guerra /guerra es su idioma.
Su tiempo un tiempo de metralla.

Llora la tierra su vergüenza
exhibe los agujeros en el viento
el polvo abonado por las lluvias atroces
de la pólvora.

La verdad lavará el fango
las noches blasfemas y juntadas
en sus desmanes y duelos.

Escucha las viejas visiones
royendo la penumbra
la líquida esperanza que se escurre en el sol.

Tristemente la muerte florecerá.

Ascolta coloro che mentono
loro spargono la sete
i semi della vita in quella tortuosità.

La guerra / guerra è la loro lingua.
È tempo di una scheggia.

La terra piange la sua vergogna
mostra buchi nel vento
la polvere concimata dalle atroci pioggie.
di polvere da sparo.

La verità laverà il fango
le notti blasfeme e insieme
nei loro eccessi e nei loro duelli.

Ascolta le vecchie visioni
rosicchia il buio
la speranza liquida che gocciola al sole.

Tristemente la morte prospererà.

Tu mano se lleva el aire viciado
y la tristeza
esas lluvias fatales de la sed y la memoria.
Tu mano llevándome
todo desvanecido en su ardor.

******

Y me repiten
los pequeños vientos de la luz
en su fría mañana
me repiten la lluvia
ese temblor de frágiles muertos
la impalpable negrura del corazón
despoblándose.

******

Y fue la lluvia
su pasión deshojándose
su pedazo más íntimo de silencioso río
arruinando mi sol.

******

Lo volátil   /la vibración de lo efímero
la visión que se desorganiza en el deseo
imantación y desborde el cuerpo
insertado a la escritura   /insertándose a la luz
como un pez de rojas escamas.

La tua mano toglie l'aria viziata
e la tristezza
quelle fatali piogge di sete e di memoria.
La tua mano mi sta prendendo
tutto svanì nel suo ardore.

   ****

E mi ripetono
i piccoli venti di luce
nel loro freddo mattino
ripetono la pioggia
quel tremore di fragili morti
l'impalpabile oscurità del cuore che si spopola.

   ****

 E fu la pioggia
 la sua passione che sfoglia
 il tuo pezzo più intimo
 del fiume silenzioso che rovina il mio sole

   ****

La volatile / la vibrazione dell'effimero
la visione che è disorganizzata nel desiderio
magnetizzazione e trabocco del corpo
inserito nella scrittura   /inserendosi nella luce
come un pesce con scaglie rosse.

> *el malva de las hojas y el oro de las tintas*
> *el día más hermoso de la vida nunca ha llegado*
> Jude Stefan

El tiempo me viste de cenizas
mece la agonía de mis voces.

Me escogen las palabras
las incandescentes palabras
que nombran las nostalgias.

También soy esta ciudad
voy de penumbra en penumbra
tragándome los miedo
el tramo de oscuridad venenosa.

La poesía planta pequeñas muertes
girones de luces que se tienden al sol.

También voy solidaria
rememoro en la luz
un ciclo abierto de esperanzas.

Odalys Interián

la malva delle foglie e l'oro degli inchiostri
il giorno più bello della vita non è mai arrivato
Jude Stefan

Il tempo mi veste di cenere
l'agonia delle mie voci si spegne.

Mi scelgono le parole
le parole incandescenti
chi chiama la nostalgia.

Sono anche questa città
Vado penombra nel crepuscolo
ingoiando la mia paura
il tratto di oscurità velenosa.

La poesia pianta piccole morti
brandelli di luci che tendono al sole.

Inoltre vado solitaria
 ricordo nella luce
un ciclo aperto di speranze.

Tanto muerto en mí sangre
tantos fantasmas completando la neblina.

Rotos claveles doblándose
sobre las luces.

En ti se hunden las noches
solo el signo y el verano
permanecen.

Anulas los páramos
la rutina y el hedor de las palabras.

Me callaré lo bueno
seguiré en esa ronda sobre el soplo
en ese juego donde el silencio
toca la herida.

Sabré lamerme el miedo
la sombra y vorágine del corazón
en su trazo y abismo.

Così morto nel mio sangue
così tanti fantasmi completano la foschia.

Pieghevoli garofani rotti
sulle luci

In te le notti affondano
solo il segno e l'estate
rimangono.

Annulli le brughiere
la routine e il fetore delle parole.

Tacerò ciò che è buono.
Continuerò in quella routine sul colpo
in quel gioco in cui il silenzio
tocca la ferita.

Saprò come leccare la mia paura
l'ombra ed il vortice del cuore
nel suo tratto e nell'abisso.

I
Todas las sílabas te juntan Padre
la sed en su fija ceniza
el corazón en su breve vuelo acordonado
Otra porción del sol
reteniéndome.

Y muero aquí en estas luces
en su salinidad
en su mortuorio plazo de agonías.

Y está la lluvia
la sombra sobre tu nombre
el aroma erguido del café
aplastando la tarde.

II

Padre repite esa mentira amarga
−que es dócil la luz−
           pero no
                  la luz es una jaula
en su perfecto silencio.

Sangra ese desvelo insidioso
                del dolor
las desgastadas máscaras
mientras otra verdad sermonea
bajo el tamo generoso de la luz.

Odalys Interián

I
Tutte le sillabe ti raggiungono Padre
la sete nella sua cenere fissa
il cuore nel suo breve volo è transennato

Un'altra parte del sole
Trattenendomi.

Ed io muoio qui in queste luci
nella sua salinità
nella sua scadenza mortuaria di agonie.

E c'è la pioggia
l'ombra sul tuo nome
l'aroma eretta del caffè
schiacciando il meriggio.

II

Padre ripete quell'amara bugia –
-che è docile la luce-
ma no la luce è una gabbia
nel suo perfetto silenzio.
Sanguina quell'insidiosa veglia
                      del dolore
le maschere usurate
mentre un'altra verità sermona
sotto la generosa pula di luce.

Aquí sobran las sombras
termino por libarla.

Casi soy otra frente a esas figuras
que desordenan el silencio.

Espero para verme las astillas
los pedazos ilesos
de tempestades recíprocas.

Y sobran los espacios vacíos
los muertos que respiran
todo el alfanje viciado de la luz.

En su niebla de inmortalidad
la huérfana vida que alcanza
a empollarnos
en su nido de oscuridad reciente.

Qui ci sono troppe ombre
finisco per lasciarle.

Son quasi un' altra di fronte quelle cifre
che disordinano il silenzio.

Aspetto di vedere le schegge
i pezzi illesi
di tempeste reciproche.

E ci sono molti spazi vuoti
i morti che respirano
tutto lo sciabola stantia di luce.

Nella sua nebbia di immortalità
la vita orfana che raggiunge
per covare
nel suo nido d' oscurità recente.

Tu soledad me invoca
la pesantes alusiva que se vuelve la noche.

Adivíname.
Sigo tranquila espigada en el signo.

Vuélveme palabra y danzaré.

Desciende sobre mi angustia
la respiración cobarde de la muerte.

Están los pájaros en ese cruce salvado
rajando la penumbra.

Habla tú
el corazón resiste.

La tua solitudine mi invoca
le pesanti allusioni che si sentono di notte.

Indovinami.
Rimango tranquilla, spicco nel segno.

Dammi una parola e ballerò.

Scendi oltre la mia angoscia
il respiro codardo della morte.

Ci sono gli uccelli in quell'incrocio salvato
che tagliano la penombra.

Parla tu

Che il cuore resiste.

Miro tu mano
tu mano que abre como un nardo
en su capullo de agua
y resplandece humana y suave.

Tu mano que vive y late
que acomoda palabras y silencios
en sus tramos de luz y oscuridad.

Que va poblándome de pájaros
de semillas destinadas todas a florecer.

Tu mano escribe las sílabas que son solo para mí.

Siento el peso de esa voz profunda
que se llena de otras voces
que sabe nombrarme.

Miro tu mano repartiéndose
como el lirio virgen de las aguas
fruto prodigado
donde se quema la noche
donde se cura la luz.

Guardo la tua mano
la tua mano che si apre come una tuberosa
nel suo bozzolo d'acqua
e brilla umano e morbido.

La tua mano che vive e batte
che ospita parole e silenzi
nei suoi tratti di luce ed oscurità.

Mi sta popolando di uccelli
di semi tutti destinati a fiorire.

La tua mano scrive le sillabe che sono solo per me.

Sento il peso di quella voce profonda,
che si riempie di altre voci
che sa come chiamarmi.

Guardo la tua mano che si riparte
come il giglio vergine delle acque
frutto profuso
dove brucia la notte
dove si cura la luce.

Quema todo el silencio
que la palabra suene límpida /audaz
no detengas el milagro
que va abierto en su lumbre.

Habla
inventa los preámbulos que quieras.

Padéceme.
Nada respira en mí que no sea tu sangre.

Ámame o destrúyeme
una palabra disolverá el frío
y las ausencias.

Cobíjame
disuelve la llamarada de mi voz.
Sella en tu pulsación
la esbeltez del sonido
este cuerpo que vibra como metal
en su estridente noche.

Brucia tutto il silenzio
lascia che la parola suoni limpida / audace
non fermare il miracolo
che è aperto nel suo fuoco.

Parla
inventa i preamboli che desideri.

Patiscimi.
Niente respira in me, eccetto il tuo sangue.

Amami o distruggimi
una parola dissolverà il freddo
e le assenze.

Proteggimi
dissolvi il bagliore della mia voce.
Sigilla il polso
la snellezza del suono
questo corpo che vibra come metallo
nella sua stridente notte.

Nos va a nombrar ahora la nostalgia

I
Y tú en el fulgor
en esa sombra crecida de la vida
columpiándote.

Me sorbes lento y apretadamente los abismos.

Tus ojos saben el color
y las honduras de mi cuerpo.

Tus ojos que van entre las algas ciegas
que desprecian el agua y la humedad
la flor crecida
en los hondos pantanos del silencio.

II
También escondí el corazón
entre las piedras.

Acuné entre mis pieles
el silencio lamido de tu estrella.

Rogué con la mejor plegaria
Tanto te di /tanta divinidad en su néctar
tanta fanfarria hermoseada
que suplicabas entonces.
Pero mi amor iba encerrado en su cifra muerta
en su tallo cernido de abandonos.

Odalys Interián

I
E tu nel bagliore
in quell'ombra cresciuta di vita
dondolandoti

Sorseggi lentamente e con forza gli abissi.

I tuoi occhi conoscono il colore
e le profondità del mio corpo.

I tuoi occhi che vanno tra le alghe cieche
che disprezzano l'acqua e l'umidità
il fiore cresciuto
nei profondi pantani del silenzio.

II
Inoltre ho nascosto il cuore
tra le pietre.

Mi sono cullata tra le mie pelli
il silenzio sfiorato dalla tua stella.

Ho pregato con la migliore preghiera
ti ho dato così tanta divinità nel tuo nettare
così tanto bella fanfara
che imploravi allora.

Ma il mio amore
era rinchiuso nella sua figura morta
nel suo gambo setacciato di abbandoni.

Amenaza lo armónico del amor
ese ejercicio estridente de la luz
en el vértigo infiel de las palabras.

****

Otra vigilia infinita
espigando la tarde
allí se quedan los buitres
lo que soy   /lo que doy
mi corazón como un fruto
mi corazón y estos pájaros
que respiran la insalvable tristeza.

****

Muchos quisieran enterrar a Dios
pero él no es una idea
lo veo y lo contemplo
incólume
solemnizado en ese trazo vivo
de creación reciente
lo veo alzarse en el milagro.

Espanto que nos vemos:
somos nosotros quienes no seremos.

Minaccia l'armonia dell'amore
quello stridente esercizio di luce
nella vertigine infedele delle parole.

****

Un'altra veglia infinita
Spigolatura del pomeriggio
ci sono gli avvoltoi
cosa sono
quello che do
il mio cuore come un frutto
il mio cuore e questi uccelli
che respira
la tristezza insormontabile.

****

Molti vorrebbero seppellire Dio
ma Lui non è un'idea
Lo vedo e lo guardo
incolume
solenne in quella traccia vivente
di recente creazione
Lo vedo risorgere nel miracolo.

Spavento che ci vediamo:
siamo noi quelli che non saremo.

Ven lame el color de esta lluvia
enciende la humedad
una víspera de palabras en sus inciensos.

Refresca la tarde
trae en tu sílaba un mazo de piedad
cercena los miedos
esas luces amargas
la sangre hundida en el temblor.

Hombre quédate sobre mi espanto.
deja tus ojos en mis ojos
un roce apenas de ternura
bébete el olor de las nostalgias
la ingravidez que amontona el recuerdo
sobre las luces.

Quédate
arropa el corazón en esa cuerda
delineada para mí.

Vieni a leccare il colore di questa pioggia
accendi l'umidità
una vigilia di parole nel loro incenso.

Rinfresca il meriggio
Porta nella tua sillaba un po' di pietà
taglia le paure
quelle luci amare
il sangue affondato nel tremore.

Uomo, rimani sul mio terrore.
lascia i tuoi occhi nei miei occhi
un tocco di tenerezza
bevi l'odore delle nostalgie
l'assenza di peso che accumula la memoria
sulle luci.

Rimani
avvolgi il tuo cuore su questa corda
delineata da me.

Las sombras nacen en ti
eternizan la noche.

Siempre tienes los ojos abiertos
en ellos leo los paisajes que se llenan de sol
de zarzas vivas que ruedan al incendio.

Eres más que la noche
a veces es huérfana y tú la acompañas.

Llevas el gesto salvaje de la luz
tu boca rememora los trazos
de la divinidad.

Eres la visión de los días
que vuelven luminosos
eres como el amanecer
tienes la belleza de la luz
toda esa mesura de la claridad
que se bebe mi tiempo.

Cielo mío
mientras me arropas el temblor
digo tu nombre
y se queda dulcísimo
como el fruto añejado
del verano que vuelve.

Le ombre nascono in te
perpetuano la notte.

Hai sempre gli occhi aperti
in loro leggo paesaggi che si riempiono di sole
di rovi vivi che rotolano sul fuoco.

Sei qualcosa di più della notte
a volte è orfana e tu la accompagni.

Indossi il selvaggio gesto della luce
la tua bocca ricorda i colpi
della divinità.

Tu sei la visione dei giorni
tornano luminosi
sei come l'alba
tu hai la bellezza della luce
tutta questa misura di chiarezza
che beve il mio tempo.

Cielo mio
mentre avvolgi il tremore
dico il tuo nome
e rimane dolcissimo
come il frutto invecchiato dell'estate
chi ritorna

Llegó el agua a mi mano
se detuvo el diluvio.

Contemplé mi hundimiento.

Me empujaba el agua
me empujaba
iba como esas aves en su vena de exilio
entre las mil estaciones.
Y me volví enigma
casi un punto invisible y primitivo
un abismo en su tranquila paz.

Tú en otra parte
quedándote
como la luz harapienta
que abandona el sonido
como la sombra
que va lanzada hacia el silencio
como esas semillas
en sus vencidos témpanos
hundiéndose
en el espacio infeliz
de la devastaciones.

L'acqua arrivò nelle mie mani
il diluvio si fermò.

Ho visto il mio affondare.

Respingevo l'acqua
mi respingeva
andava come quegli uccelli nella sua vena d' esilio
tra le migliaia di stazioni.
E sono diventato un enigma
quasi un punto invisibile e primitivo
un abisso nella sua quieta pace.

Tu altrove
alloggiando
come la luce irregolare
questo lascia il suono
come l'ombra
che viene lanciato verso il silenzio
come quei semi
nei loro iceberg sconfitti
naufragio
nello spazio infelice
delle devastazioni.

Nos va a nombrar ahora la nostalgia

*Se llega a un punto en que no hay nada más que la esperanza,
y entonces descubrimos que lo tenemos todo.*
José Saramago.
Para A. C. B

Te perdía amor   /me perdía
el corazón se doblaba bajo la luz inocente
de la sombra.

Te quería la muerte pero no me alejé.
Éramos dos para empujar los vientos
la memoria infiel del viento
esparcida en el soplo agonizante.

Tú te morías y yo
juntaba pedacitos de vida
para colgarlos junto a ti
y me tendía en tu muerte
para que la infiel viera mis contornos
de luces y viera mis ofrendas
y te repudiara amor   /te repudiara.

Yo completaba para ti un sagrario de versos
mientras se apagaban las tormentas
mi mano serenísima levantaba soles
iba entre las frías luces
llenándote las aguas de espuma y de silencio

para amarte en la sombra callada del agua
en la inmovilidad del agua.

Te amaba la luz   /te amaba mi candor
esa inocencia despierta de la muerte.
Pero Dios era un ramo de esperanza
el sonido que se queda después del sol.
Dios era más grande que la muerte
y que el silencio de la muerte.
Yo podía verlo en la mirada sin brillo de tus ojos
en los desmayos infinitos de tu cuerpo.

Y te salvabas /te salvabas de todo
 menos del amor y de mí.

Te alimenté con el calor de mis palabras
mientras el cáncer gastado de esas luces
esparcía sus rastrojos.

Te guardaba en la matriz caliente del lenguaje
como el mejor poema
y era tu corazón un lirio abierto
en su impalpable noche
impulsando el agua limpia de las lluvias
que recogían el verano.

Dios fijándose a tu trasparencia.
Y te salvabas amor y me salvabas.

Nos va a nombrar ahora la nostalgia

*Si arriva ad un punto in cui non c'è nient'altro che speranza, e
allora scopriamo che abbiamo tutto.
José Saramago.
para A. C. B*

Ho perso te amore / ho perso
il cuore era piegato sotto la luce innocente dell'ombra.

Volevo la morte ma non mi allontanai.
Eravamo in due per spingere i venti
l'infedele memoria del vento
sparsa nel respiro doloroso.
Morivi ed io
ho raccolto frammenti di vita
per appenderli accanto a te
e mi sdraiavo nella tua morte
in modo che l'infedele vedesse i miei contorni di luce
ed ho visto le mie offerte
e ti ripudiavo amore / ti ripudiavo.

Ho completato per te un tabernacolo di versetti
mentre le tempeste si estinguevano
la mia mano serena ha sollevato le suole.
Sono andata tra le luci fredde
riempiendoti delle acque di schiuma e di silenzio
per amarti nella quiete ombra dell'acqua
nell'immobilità dell'acqua.

Ho amato la luce / ho amato il mio candore
quell'innocenza si risveglia dalla morte.
Ma Dio era un mucchio di speranza
il suono che rimane dopo il sole.
Dio era più grande della morte
e del silenzio della morte.
Lo vedevo nell'oscurità dei tuoi occhi
negli infiniti svenimenti del tuo corpo.
Ti sei salvato / ti sei salvato da tutto
tranne del mio amore e di me.

Ti ho nutrito con il calore delle mie parole
mentre il cancro trascorso di quelle luci
spargeva le sue stoppie.

Ti ho tenuto nella calda matrice linguistica
come il miglior poema
e il tuo cuore era un giglio aperto
nella sua notte impalpabile
alimentando l'acqua limpida dalle piogge
che raccoglievano l'estate.

Dio guarda la tua trasparenza.

E ti salvavi amore e mi hai salvavi.

Ayer qué muerte me visitó
qué dolor dejó un puñal
y entró hasta rajar las palabras.

Latido mío /tan cerca
alimentando el golpe.

Ayer qué pérdida
qué espanto clavó la esperanza.

Qué herida es ésta
que sangra en los viñedos de la luz.

Aguda y sorda muerte
tan despoblada.
Qué verso se llevó
latido mío
tan cerca
amamantado por mí.

Destrozándome.

Ieri, quale morte mi ha visitato
Che dolore ha lasciato un pugnale?
cominciò a rompere le parole.

Il mio battito cardiaco / così vicino
dare il colpo.

Ieri che perdita
quale paura ha riposto la speranza.

Che ferita è questa
che sanguina nei vigneti di luce.

Morte acuta e sorda
così spopolata.
Che versetto ha preso
il mio battito cardiaco
così vicino
allattato da me.
E pur mi strozza.

Ahora que el amor viene a lamer el rastro
a sellar los rincones callados de las luces.
Qué mariposa en su cuerpo de luto acecha
qué ironía en su verdad
qué pájaros en su espanto
acorralando el sol.

****

Sigue derramándose
en su tono sinuoso el amor
la vida en su lienzo
en su color gigante y demorado
y sigue el hombre en su batalla
en su ceguera de contenta (ción)

****

Todo en su llovizna persistente
en el disloque.
Todo acordonándose
inalterable /viciado /roto
la palabra envenenada
en que transcurre la tarde
una polaridad
el sinsabor de la mentira
un deseo quebrándose
el hombre en su discurso
 de bienaventuranzas.

Ora quell'amore sfiora la le punte
sigillando gli angoli silenziosi delle luci.
Che farfalla si nasconde nel suo corpo di lutto
quale ironia nella sua verità
quali uccelli nel loro spavento
circondando il sole.

****

Continua a versare
nel suo tono sinuoso l'amore
la vita sulla sua tela
nel suo colore gigante e in ritardo
e l'uomo continua nella sua battaglia
nella sua cecità di contempla(zione)

****

Tutto nella sua pioggerellina persistente
nel dislocare
Tutto aggrovigliandosi
inalterabile / difettoso / rotto
la parola avvelenata
in cui passa il meriggio
una polarità
l'avversione per la menzogna
un desiderio che brucia
l'uomo nel suo discorso
di beatitudini.

Nadie verá la ofrenda podrirse bajo sol
esta violencia que vive y ciega en su medida
la desesperanza.

Nadie sabrá que nostalgias nos cruzan como río
las heridas que nacen del incendio
las palabras dictadas
azuzadas por el fuego y la vendimia.

Nadie sabrá mi verdad
este temblor que prevalece.

Nadie verá el nardo aterciopelado de la luz
rajarse en el incendio.

Nadie sabrá qué color incinera la tarde
dónde acomodar tanto ataúd y tanta lagartija
tanta sombra y abismo
y tanto llanto en su llanto.

Nessuno vedrà l'offerta marcire sotto il sole
questa violenza che vive ed acceca nella sua misura
la disperazione.

Nessuno saprà che la nostalgia ci attraversa come un fiume
le ferite che nascono dal fuoco
le parole dettate
sollecitate dal fuoco e dalla vendemmia.

Nessuno saprà la mia verità
questo tremore che prevale.

Nessuno vedrà il vellutato nugolo di luce
spaccare nel fuoco.

Nessuno saprà che colore incenerisce la sera
dove alloggiare tante bare e tante lucertole
tante ombre e abissi
e tanto pianto nel suo pianto.

No importa cuánto muro
o cuanta estaca levanten.

Avanzaré
Iré juntando palabras y esparciéndolas.

Me alcanzará el crudo resplandor
el estéril bramido /la vorágine.
Mi sangre como río quebrantará la noche.

Avanzaré
país suelo mío solícito
engrandeciéndote.

La soledad me aísla
toda esa nostalgia del silencio
desmoronándose.

El aguacero desmedido del dolor
quedándose en ti
la desesperanza
los muertos en su arrullado polvo
y laberinto.

Odalys Interián

Non importa quanto muro
o quante azioni esse sollevano.

Io avanzerò
andrò a raccogliere le parole e a spargerle.

Il bagliore grezzo mi raggiungerà
il ruggito sterile / la voraggine
Il mio sangue come un fiume romperà la notte.

Io avanzerò
terra terreno miniera sollecito
ingrandendosi.

La solitudine mi isola
tutta quella nostalgia del silenzio
cado a pezzi.

L'eccessivo acquazzone del dolore
rimanendo in te
la disperazione
i morti nella loro polvere avvolta
ed il labirinto.

Mi corazón escribe en la lluvia
teje volcanes y un himno.

Sigue hilando en su fiebre
una maleza de oscuridades.

El tiempo es esa sombra que se vuelve indecible
carcome los espacios
el sesgo vacío del geranio sobre la luz.

Y soy la bipolar
la que asesinan
en ese trazo severo de demencia.

Sitiada bajo el fragor de la penumbra
bebo el horror del aire
en paz respiro a Dios
la llama de todos los silencios.

Il mio cuore scrive sotto la pioggia
tesse dei vulcani e un inno.

Continua a girare nella sua febbre
malevole oscurità.

Il tempo è quell'ombra che diventa indicibile
corrode gli spazi
il vuoto pregiudizio del geranio sulla luce.

Ed io sono la bipolare
quella che uccidono
in quel grave colpo di demenza.

Assediata nel calore dell'oscurità
bevo l'orrore dell'aria
in pace respiro Dio
la fiamma di tutti i silenzi.

El amor no es de los débiles
ellos son despreciados.

Caerán bajo el frío y señuelo de las luces.

Sin embargo resisten el duelo
la llamarada en su infidelidad
el acoso desmedido y final
que imponen las distancias.

El amor es lo impenetrable
seguirá en su pasión
en su avance
abriendo un nido de agua negra
un viento mayor
un tumultuoso torrente
que arrastrará en su fango balsámico
lo empobrecido de los tiempos.

L'amore non è dei deboli
loro sono disprezzati.

Cadranno sotto il freddo e l'inganno delle luci.

E invece resistono al lutto
il fiamma nella loro infedeltà
le molestie eccessive e finali
che impongono distanze.

L'amore è ciò che è impenetrabile
continuerà nella sua passione / nel suo avanzo
aprendo un nido di acqua nera
un vento maggiore
un tumultuoso torrente
che trascinerà nel tuo fango balsamico
l'impoverimento dei tempi.

Y cansa la tristeza
ese gusto a sal que inunda el silencio.

Asedia la agonía
la cizaña del sol en su néctar
desflorando las noches
y mi fragilidad.

Y cansan Dios esos fulgores
la excitación de la gloria en su miseria
esos desórdenes que maduran el hambre
los girones absurdos que desvían las luces
en su pasto y recuerdo.

Y cansa la verdad de la muerte
la cordura infeliz   /el yo disperso
en la viciada tempestad de las palabras.

E stanca la tristezza
quel sapore di sale che inonda il silenzio.

Affligge l'agonia
la zizzania del sole nel suo nettare
deflorando le notti
e la mia fragilità.

E stancano Dio di quei bagliori
l'eccitazione della gloria nella loro miseria
quei disordini che maturano la fame
gli assurdi brandelli che deviano le luci
nel loro pasto e ricordo.

E stanca la verità della morte
la sanità infelice / il sé sparpagliato
nella terribile tempesta delle parole.

Palabra sordamente mía
tan infeliz
desgajada en su desgarradura.

Como gota
         persistentemente
                        cayendo.

Palabra mía pródiga la muerte
la infiel en su cordaje
devora esa memoria frágil de la luz
los claveles del llanto.

Salta   /salta   /el corazón es señuelo
un tálamo en su desborde de frialdad.

La muerte es una trampa que se viste
de silencio.

Parola sordamente mia
così infelice
rotta nella sua lacerazione.

Come una goccia
          persistentemente
                        che cade.
Parola mia prodiga la morte
l'infedele nella sua corda
divora quel fragile ricordo della luce
i garofani del pianto.

Salta / salta / il cuore è esca
un talamo nel suo trabocco di freddezza.

La morte è una trappola che si veste di silenzio.

Callarse
es aumentar el ruido de la sombra
derramar su veneno.

Ir desmoronándose
sin golpe /ni señal.

Callarse es retroceder
ir inutilizando la medida gigante
que nos dieron.

Llenar de vendas la verdad
y es despiadarse de uno mismo
y de los otros.

Seguir huyendo hacia ningún final.

Que pobre es el silencio.

Tacere
è aumentare il rumore dell'ombra
versare il suo veleno.

Andare a pezzi
senza colpi / né segnali

Tacere è ritornare
non utilizzare la misura gigante
che ci hanno dato.
Riempire di bende la verità
ed è essere speietati per se stessi
e per gli altri.

Continuare a fuggire verso nessuna fine.

Quanto è povero il silenzio.

Y no me callaré
si existe una metralla sobre los hijos
si se desangra el sol en la tierra de todos.

Si no hay pan ni semilla que ofrecer
y la inmensidad
hunde sus espinas sobre los sueños.

Si mueren niños y no hay para ellos
un bosque en su infeliz limosna
que cobije los pájaros.

Si mueren libados por el humo
empollados en el viento virginal de la muerte.

Si se derrama infeliz una parodia
esos desbordes tremendos de oscuridad.

Entonces diré que libertad sigue azuzándonos
revelaré por fin donde se encumbra el fuego
y la esperanza.

E non tacerò
se c'è una mitraglia sui figli
se il sole sanguina sulla terra di tutti.

Se non c'è pane o seme da offrire
e l'immensità
affonda le sue spine nei sogni.

Se i bambini muoiono e non ce n'è per loro
una foresta nella sua infelice elemosina
che ripara gli uccelli.

Se muoiono salvati dal fumo
covato nel vento virginale della morte.

Se una parodia viene versata infelicemente
quei tremendi scoppi di oscurità.

Allora dirò che la libertà continua ad attirarci
Rivelerò finalmente dove sorge il fuoco
e la speranza.

> *Y tú como todo lo liberado del día: ya crisálida.*
> *Y ojos, que te buscan. Y mi ojo entre ellos.*
> *Una mirada: un hilo más que te envuelve.*
> Paul Celan

Sigue cuerpo de alga
amarándome a la oscuridad
al frío.

Los peces deslucen mis ojos
saltan del estanque
que sueles bendecir.

Y sigo huérfana.

Nada obra el milagro.

Ninguna voz dirá:
Hija tu fe te hizo el homenaje.

E tu, come tutto ciò che è liberato dal giorno: già crisalide.
E gli occhi, che ti cercano. E il mio occhio tra di loro. Uno
sguardo: un altro filo che ti circonda.
Paul Celan

Segui il corpo di alga
legandomi all'oscurità
al freddo.

I pesci abbagliano i miei occhi
saltano fuori dallo stagno
che di solito benedici.

E sono ancora orfana.

Niente opera il miracolo.

Nessuna voce dirà:
Figlia, la tua fede ti ha reso omaggio.

Y me quedé sin ti y sin mi vida

Todo el bálsamo de la luz
descendiendo como paloma.

Todo el ruido de la vida
amotinándose.
El gorjeo desmedido del amanecer.

Y yo esperando el trueno
la voz que diga:
esta es mi hija la amada.

El trueno
que despierte tu espiga sin cuerpo padre
la sangre en su blanca ceniza congregada.

Un viento que despierte los pájaros
que me despierte.

Ed ero rimasta senza te e senza la mia vita

Tutto il balsamo della luce
discendendo come una colomba.

Tutto il rumore della vita
Disordinandosi.
Il cinguettio eccessivo dell'alba.

E io aspetto il tuono
la voce che dice:
questa è mia figlia, la persona amata.

Il tuono
che risveglia la tua spica senza il padre del corpo
il sangue nelle sue ceneri bianche raccolte.

Un vento che risvegli gli uccelli,
che mi risvegli.

Quería vivir, y todo lo demás no significaba nada.
Thomas Bernhard

Niña otra vez
en el doble silencio de la llama
dispersando gorriones.
Del llanto la nieve abrazadora
que corta de un golpe la piedad.

Quién acompañará mi corazón
esta hambre numerosa
las preguntas.

Hay un nudo en la ausencia
un agujero
estás empinándote como Dios
en su incidencia.

Como frondoso ciprés
en el humo oscurecido de la tarde.

Odalys Interián

Volevo vivere, e tutto il resto non significava niente.
Thomas Bernhard

Bambina di nuovo
nel doppio silenzio della fiamma
sparpagliando i passeri.
Gridando abbracci di neve
che interrompe la pietà in un sol colpo.

Chi accompagnerà il mio cuore
questa fame ingente
le domande.

C'è un nodo nell' assenza
un buco
ti stai riempendo di spine come Dio
nella sua incidenza.

Come un frondoso cipresso
nel fumo oscuro della sera.

La flor y el pino
siguen en su mismo rincón.
En el silencio que juntaron los inviernos.

Sigo tropezando en el aire
está el sol en su rotunda náusea
un fondo que se traga a los hijos
el día en su insípida limosna.

La flor /el pino /el miedo y tú
jamás desaparecen.

Y yo sola tan sola /sola.
Dime qué hago
con tanto nervio y tanta soledad
con tanta víspera y tanto desconsuelo
Qué hago padre
                qué
                        con tanto espanto
desenterrándote.

Il fiore ed il pino
sono ancora nello stesso angolo.
Nel silenzio che unirono gli inverni.

Sto inciampando nell'aria
C'è il sole nella sua nausea marcia
un fondo che inghiotte i figli
il giorno nelle sue insipide elemosine.

Il fiore /il pino / la paura e tu
non sparite mai.

Ed io così sola/ sola.
Dimmi cosa faccio
con così tanti nervi e tanta solitudine
con così tanta notte e così tanto dolore
Cosa faccio padre?
                      cosa
                              con tanta paura

riesumandoti.

Está la espuma negra del silencio
sobre la noche.

La amapola gris
que escapa del verdugo.

Está el dolor
un mazo de plegarias sobre las luces.
Sobre el vellón la voz
anocheciendo el rastro de mi padre.

Y cae la helada
sobre el aserrín del ciruelo
un montoncito de niebla dispersa.

Está el corazón devorando el crepúsculo
y un manojo de sombras.
Quebrándose los infinitos
un rostro
sobre la arboladura del recuerdo.

C'è la spuma nera del silenzio
sulla notte

Il papavero grigio
che sfugge al boia.

C'è dolore
un fascio di preghiere per le luci.
Sul vello la voce
la scia di mio padre all'imbrunire.

E il gelo cade
sulla segatura di prugne
un mucchietto di nebbia sparsa.

C' è il cuore che divora il crepuscolo
e un insieme di ombre.
Rompendo gli infiniti
un volto
sull' orlo del ricordo.

Padre pasa de mí esta copa
no vea yo la oscuridad
ni el mazo del verdugo floreciendo.

Cese el giro
el frío pendular de esta cuerda
los mirlos que ofician
en bandadas sangrientas.

El aire y el silencio
esa mezcla infernal donde nos aventamos.

El tiempo es un puma que adelanta
lleva un hambre atroz
dónde esconderme
en qué palabra.

La ausencia toca también
con su disfraz la muerte.

Padre, passa attraverso me questo calice
non veda io l'oscurità
né il maglio del boia che fiorisce.

Cessi il giro
il freddo pendolare di questa corda
i merli che officiano
in stormi sanguinosi.

L'aria ed il silenzio
quella miscela infernale dove ci buttiamo.

Il tempo è un puma che avanza
è terribilmente affamato
dove nascondermi
in che parola.

L'assenza anche tocca
con il suo travestimento di morte.

Nos va a nombrar ahora la nostalgia

> *Qué queda sino estas palabras*
> *que se te parecen*
> *como cielo garabateado en páginas*
> *Lionel Ray.*

No estás ya en el albor
un sol alzado fuera de ti
duerme
en su nido de rotos relámpagos.

Cortada por la luz
la mano prodigada.

No estás
y es otra muerte

Loto y ceniza
floreciendo.

La palabra padre
en su humo
la doble oscuridad
sobre nosotros.

Odalys Interián

Cosa rimane se non queste parole
cosa ne pensi? come il cielo scarabocchiato
sulle pagine
Lionel Ray.

Non sei già nell' alba
un sole sollevato fuori da te
dorme
nel suo nido di lampi spezzati.

Tagliata dalla luce
la mano prodigata.

Non ci sei
ed è un'altra morte

Loto e cenere
fiorendo.

La parola padre
nel tuo fumo
la doppia oscurità
su di noi.

Madre más larvas sobre el silencio
y el verano sobrevive.

El tiempo en su hondura se traga la llovizna
mundos vacíos en su esterilidad.

Pródiga incineras la penumbra
en tu ojo permanecen los léxicos
el infierno que crece sobre las voces
la extremadura
el vértigo donde pequeños pájaros
inician las inmolaciones.

Madre es el fango el lugar de los miedos
el corazón como el sol
guijarro a guijarro se abisma.

Madre più larve sul silenzio
e l'estate sopravvive.

Il tempo nella sua profondità inghiotte la pioggerella
mondi vuoti nella loro sterilità.

Pródiga, incenerisci la penombra
nei tuoi occhi rimaner i lessici
l'inferno cresce sopra le voci
l'estremadura,
la vertigine in cui piccoli uccelli
 iniziano ad immolarsi.

La madre è il fango il luogo delle paure
il cuore come il sole
ciottolo a ciottolo s'inabissa.

Ondula tu silueta cuando lloro

Nos advertimos Padre
en el púrpura desbordado
en la estación.

He ido a ti llena de invierno
de musgo silencioso.

En ese tramo y temblor
nos miden las palabras.

Ensalmados en el vacío absurdo
de esas luces
que destilan en el anochecer.

Posteamos desmedidos la impaciencia
un rastro hundiéndose
un círculo de lluvias diminutas
en la fragilidad y la expiación.

Odalys Interián

Ondeggia la tua silhouette quando piango

Comprendiamo Padre
nella porpora traboccante
nella stazione.

Sono venuta a te piena d'inverno
di muschio silenzioso.

In quel tratto e tremore
le parole ci misurano.

Scolpiti nell'assurdo vuoto
di quelle luci
di quel distillare di sera.

Noi rimandiamo l'impazienza a dismisura
una scia che affonda
un cerchio di piccole piogge
nella fragilità ed espiazione.

Vencida en mi abandono Dios
ignorando el cuerpo
las vísperas que arden en esta soledad.

Macerando la sed en su desborde rocoso
lo inarmónico del duelo en su disfraz.

Lo que cubre la sal
ese candor a donde van las pieles
los cortos sonidos del corazón.

Enquistada
en esa maroma fría de la luz.

Golpeada en mi sed
ignorando el descenso
eso que rompe la noche
en su brutal ejercicio de espanto.

Sopraffatta dal mio abbandono, Dio
ignorando il corpo
i vespri che bruciano in questa solitudine.

Sete di macerazione nel suo trabocco roccioso
la disarmonia del lutto nel suo travestimento.

Ciò che copre il sale
quel candore dove vanno le pelli
i brevi suoni del cuore.

Racchiusa
in quel fresco gelo di luce.

Picchiata nella mia sete
ignorando la discesa
che rompe la notte
nel suo brutale esercizio di spavento.

Padre huyo de la luz
es una herejía
simula un corredor
un frío fluir inalcanzable.
Sigo el rastro de algún perfume.

Qué música empobrecida llega a ser la tarde.

Dónde encontrarte en esta hora
en que suenan los pájaros.
Ellos desgarran las palabras
sus gritos helados
son el lugar de la zozobra.
Ellos borran la noche
sus ecos miden y deforman toda la eternidad.

Quién me consolará en la hora equivocada
cuándo los vientos vengan todos sobre mí.

Cuándo el silencio abra su herida
y el olor a estiércol
confunda la ciudad que hoy nos expulsa.

Padre fuggo dalla luce
è un'eresia
che imita un corridore

un flusso freddo irraggiungibile.
Seguo la traccia di un po 'di profumo.

Che musica impoverita diventa la sera.

Dove trovarti in quest'ora
in cui sussurrano gli uccelli.
Strappano le parole
le loro grida gelate
sono il luogo dell'ansia.
Essi cancellano la notte
i loro echi misurano e deformano tutta l'eternità.

Chi mi consolerà nel momento sbagliato
quando i venti mi verranno addosso.

Quando il silenzio apra la sua ferita
e l'odore del letame
confonda la città che oggi ci ripudia.

Soles como cuchillos
abren la realidad donde desapareces.

También ellos devoran en su cristal
la luz.

Soles /todo en su abismo
la enfermedad del miedo
como trizada llovizna sobre nosotros.

El último movimiento del verano
el verso en su pulcra exhalación
y limosna.

Todo narrado
la tormenta de todos los silencios
también la soledad cromándose en su eclipse.

Todo se completa y se organiza.
La sílaba en su polen
esa llamarada de nostalgias
que imponen las nostalgias.

Soli come coltelli
aprono la realtà in cui scompari.

Anche loro divorano la luce di cristallo.

Soli / tutto nel loro abisso
la malattia della paura
come un mucchio di pioggerella su di noi.

L'ultimo movimento dell'estate
il verso nella sua bella esalazione
e l'elemosina

Tutto narrato
la tempesta di tutti i silenzi
anche la solitudine cromica nella sua eclissi.

Tutto si completa e si organizza.
La sillaba nel suo polline
quel bagliore di nostalgia
che impone nostalgia.

SI CHIAMA NOSTALGIA
(Beppe Costa)

Si chiama nostalgia, e serve a ricordarci che per fortuna, siamo anche fragili". A Cesare Pavese non riesco mai a dar torto. Ma a questa frase in particolare aggiungerei, se potessi fiatare, anche un tutti. Siate pure anaffettivi, megalomani, malvagi. La nostalgia verrà a prendervi. Perché è fatta di due cose che abbiamo tutti: il nostos, il ritorno a casa, e l'algia, il dolore. Come dire: se qualche volta ti sei sentito a casa, a distanza di tempo ci tornerai con la mente, triste. Una sofferenza modesta, però. Come di dolcezza affilata. Secondo Boym la nostalgia si divide in due diversi tipi di sentimento: il primo viene definito restitutivo, il secondo riflessivo. La nostalgia restitutiva ha a che fare con il concetto di "ritorno a casa", e fa venire voglia alle persone che la provano di ricostruire e rivivere ossessivamente gli eventi e gli accadimenti del passato.
La nostalgia riflessiva, invece, si concentra sul sentimento di malinconia. La differenza fondamentale tra i due sentimenti è l'accettazione del fatto che il passato è passato. "Mentre la nostalgia restitutiva ricostruisce con una precisione ossessiva i ricordi, la nostalgia riflessiva si abbandona a un ritorno delle vecchie paure, vissute con la stessa potenza che avevano in passato", ha scritto Boym. La nostalgia riflessiva è caratterizzata dalla divertita accettazione del contrasto tra il passato e il presente.
Ad esempio, proviamo un tipo di nostalgia riflessiva quando ascoltiamo una vecchia canzone risalente ai tempi

del liceo. Durante l'ascolto, vengono rievocate le preoccupazioni e le speranze per il futuro che abbiamo provato da adolescenti, e ci stupiamo di quanto fosse diversa la nostra vita. Al contrario, la nostalgia restitutiva crea un sentimento negativo più simile al rimpianto. Riprendendo l'esempio della canzone che rievoca ricordi del passato, la nostalgia restitutiva ci fa sentire come se la nostra vita fosse peggiorata nel corso degli anni. La nostalgia restitutiva, infatti, è il motivo per cui le persone richiamano vecchi partner o amici, frequentati anni prima. Il problema principale della nostalgia restitutiva è che ricrea un passato che non è reale. I bei ricordi, infatti, vengono completamente decontestualizzati dai loro aspetti negativi. Ad esempio, il piacevole ricordo degli anni del liceo diventa dannoso quando viene nettamente separato dai problemi e dai disagi che tutti gli adolescenti provano. Comunque, secondo il professore di letteratura Hal McDonald, i due tipi di nostalgia, anche definiti "nostalgia buona" e "nostalgia cattiva", non hanno nulla a che fare con i ricordi stessi.

Dunque, la cosa migliore da fare quando siamo colpiti da un "attacco" di nostalgia, è cullarsi nei ricordi senza scervellarsi su come sarebbero potute andare la cose.

È importante rivivere i ricordi godendosi le sensazioni che ti danno, e accettando che le cose sono andate come dovevano andare. Ci nomina adesso la nostalgia è un libro di poesia universale, che parla del tema della nostalgia di tutti i tempi con grande maestria.

SE LLAMA NOSTALGIA
(Beppe Costa)

Se llama nostalgia y sirve para recordarnos que, afortunadamente, también somos frágiles ". Nunca puedo equivocar a Cesare Pavese. Pero a esta frase en particular, agregaría, si pudiera decir una palabra, incluso a todos. Sé puro anafectivo, megalómano, malvado. La nostalgia vendrá a recogerte. Porque está hecho de dos cosas que todos tenemos: el nostos, el regreso a casa y el algia, el dolor. Cómo decir: si alguna vez te has sentido como en casa, después de un tiempo regresarás con una mente triste. Un modesto sufrimiento, sin embargo. Como de dulzura aguda. Según Boym, la nostalgia se divide en dos tipos diferentes de sentimientos: el primero se define como restitutivo, el segundo reflexivo. La nostalgia restitutiva tiene que ver con el concepto de "regreso a casa", y hace que las personas quieran reconstruir y revivir obsesivamente los eventos y eventos del pasado.

La nostalgia reflexiva, por otro lado, se centra en la sensación de melancolía. La diferencia fundamental entre los dos sentimientos es la aceptación del hecho de que el pasado ha pasado. "Si bien la nostalgia reconstituyente para reconstruye con precisión recuerdos obsesivos, la nostalgia reflexiva da paso a un retorno de viejos temores, vivió con el mismo poder que tenían en el pasado", escribió Boym. La nostalgia reflexiva se caracteriza por la aceptación divertida del contraste entre el pasado y el presente. Por ejemplo, probemos una especie de nostalgia reflexiva cuando escuchamos una vieja canción que data de la escuela secundaria.

Durante la audición, se recuerdan las preocupaciones y esperanzas para el futuro que hemos experimentado cuando eran adolescentes, y estamos sorprendidos de lo diferentes que fueron nuestras vidas.

Por el contrario, la nostalgia restitutiva crea un sentimiento negativo más parecido al arrepentimiento. Tomando el ejemplo de la canción que evoca recuerdos del pasado, la restauración de la nostalgia nos hace sentir como si nuestra vida hubiera empeorado con el paso de los años. De hecho, la nostalgia restitutiva es la razón por la cual las personas recuerdan a viejos compañeros o amigos, que estaban en los primeros años. El principal problema de la nostalgia restitutiva es que recrea un pasado que no es real. De hecho, los buenos recuerdos están completamente descontextualizados de sus aspectos negativos. Por ejemplo, el agradable recuerdo de los años de la escuela secundaria se vuelve dañino cuando está claramente separado de los problemas y las incomodidades que sienten los adolescentes. Sin embargo, según el profesor de literatura Hal McDonald, los dos tipos de nostalgia, también llamados "buena nostalgia" y "mala nostalgia", no tienen nada que ver con los recuerdos mismos. Entonces, lo mejor que podemos hacer cuando nos golpea un "ataque" de nostalgia, es arrullar los recuerdos sin desconcertarnos acerca de cómo podrían haber ido las cosas. Es importante revivir los recuerdos disfrutando de los sentimientos que te dan, y aceptar que las cosas han ido como deberían. Nos nombra ahora nostalgia es un libro de poesía universal, que habla del tema de la nostalgia de todos los tiempos con gran habilidad.

ÍNDICE/TABELLA

INTRODUCCIÓN / INTRODUZIONE /
    NOTA DE LA TRADUCTORA
    / NOTA DE LA TRADUTTRICE/ 13

Este es el tiempo qu soñó la demencia / 19
Questo é il tempo in cui é sounata la demenza / 20
Aquí la soledad es una dádiva / 21
Qui, la solitudine é un regalo / 22
En esta ciudad que no es mi casa / 23
In questa cittá che non é la mia casa / 24
Habrá que demoler las raíces / 25
Si douvranno demolire le radici / 26
Pálpame ciudad / 27
Pálpami cittá / 28
También tuve un país / 29
Ho avuto inoltre un paese / 30
Porque hay islas que se quedan / 31
Perché ci sono isole che rimangono / 32
La palabra isla / 33
La parola isola ha uno strano suono / 34
Lo que anhelé / 35
Ció che anelar / 36
Qué ceniza nos compone / 37
Che cenere ci compone / 38
Todo es esa línea en su fugaz llovizna / 39
Questa linea nella sua fugace grandine / 40
Me irrita ese viejo color / 41
Mi irrita quel vecchio colore / 42
Qué nudo rmpe la palabra / 43

Odalys Interián

Quale nodo spezza la parola / 44
La herida crece / 45
La ferita fa aumentare / 46
Amenaza lo armónico del amor / 47
Minaccia l'armonia dell'amore / 48
No sé qué circo / 49
Non so che circo / 50
Sobre un montón de huesos / 51
Su un mucchio di ossa / 52
Qué vísceras lucirá la mañana / 53
Che viscere rifleteranno la mattina / 54
Levadura de la muerte / 55
Lievito di morte / 56
Escucha a los que mienten / 57
Ascolta coloro che mentono / 58
Tu mano se lleva el aire viciado / 59
La tua mano foglie l'aria viziata / 60
El tiempo me viste de cenizas / 61
Il tempo mi veste di cenere / 62
Tanto muerto en mi sangre / 63
Cosi morto nel mio sangue / 64
Todas las sílabas te juntan Padre / 65
Tutte le sillabe ti raggiungono Padre /66
Padre repite esa mentira amarga / 65
Padre ripete quell'amara bugia / 66
Aquí sobran las sombras / 67
Qui ci sono troppe ombre / 68
Tu soledad me invoca / 69
La tua solitudine mi invoca / 70
Miro tu mano / 71

Guardo la tua mano / 72
Qema todo el silencio / 73
Brucia tutto il silenzio / 74
Y tú en su fulgor / 74
E tu nel bagliore / 75
II. También escondí el corazón / 74
II. Inoltre ho nascosto il cuore / 75
Amenaza lo armónico del amor / 77
Minaccia l'armonia dell'amore / 78
Ven lame el color de esta lluvia / 79
Vieni a leccare il colore di questa pioggia / 80
Las sombras nacen en ti / 81
 Le ombre nascono in te / 82
Llegó el agua a mi mano / 83
L'acqua arrivo nelle mie mani / 84
Ho penso te amore/Ho penso / 85
Te perdía amor/me perdía / 85
Ayer qué muerte me visitó / 89
Ieri, quale morte ha isitato / 90
Ahora que el amor viene a lamer el rastro / 91
Ora quell'amore sfiora la le punte / 92
Nadie vendrá Vallejo / 93
Nessuno verrà Vallejo / 94
No importa cuánto muro / 95
Non importa quanto muro / 96
Mi corazón escribe en la lluvia / 97
Il mio cuore scrive sotto la pioggia / 98
El amor no es de los débiles / 99
L'amore non é dei deboli / 100
Y cansa la tristeza / 101
E stanca tristeza / 101
Palabra sordamente mía / 102

Parola sordomente mia / 103
Callarse / 104
Tacere / 105
Y no me callaré / 106
E non faceró / 107
Siue el cuerpo de alga / 108
Segui il corpo di alga / 109
Y me quedé sin ti y sin mi vida / 110
Ed ero rimasta senza te e senza la mia vita / 111
Niña otra vez / 1132
Bambina di nuovo / 113
La flor y el pino / 114
Il fiore ed il pino / 115
Está la espuma negra del silencio / 116
c'é la spuma nera del silenzio / 117
Padre pasa de mí esta copa / 118
Padre, passa altraverso me questo caice / 119
No estás ya en el albor / 120
Non sei già nell'alba / 121
Madre más larvas sobre el silencio / 122
Madre piu larve sul silenzio / 123
Ondula tu silueta cuando lloro / 124
Ondeggia la tua silhouette quando piango / 125
Vencida en mi abandono Dios / 126
Sopraffatta dal mio abbandono, Dio / 127
Padre huyo de la luz / 128
Padre fuggo dalla luce / 129
Soles como cuchillos / 130
Soli come coltelli / 131

SE LLAMA NOSTALGIA / SI CHIAMA NOSTALGIA / 133

Biografía

Odalys Interián (La Habana, 1968), poeta, narradora y crítica cubana residente en Miami, dirige la editorial Lyrics & Poetry Editions, es miembro de la Asociación Internacional de Poetas y Escritores Hispanos e instructora del Taller de Creación Poética del Centro de Instrucción para la Literatura y el Arte, en Miami. Entre sus publicaciones están los poemarios: Respiro invariable (La Habana, 2008), Salmo y Blues (Miami, 2017), Sin que te brille Dios (Miami, 2017), Esta palabra mía que tú ordenas (Miami, 2017), y Atráeme contigo, en colaboración con el poeta mexicano Germán Rizo (Oregón, 2017). Sus ensayos literarios aparecen en Acercamiento a la poesía (Miami, 2018). En su actual ciudad de residencia ha sido premiada con el de poesía en el prestigioso Concurso Internacional Facundo Cabral 2013 y en el certamen Hacer Arte con las Palabras 2017; obtuvo primera mención en el I Certamen Internacional de Poesía "Luis Alberto Ambroggio" 2017 y tercera mención en el mismo concurso de 2018. Fue merecedora del segundo premio de cuento de La Nota Latina 2016. Su obra poética y narrativa ha aparecido en revistas y antologías de varios países. Recientemente ha obtenido Premio Internacional 'Fracisco de Aldana' de Poesía en Lengua Castellana (Italia) 2018. Recientemente, premio en el concurso Dulce Maria Loynaz, 2018 en la categoría Exilio.

FRANCISCO DE ALDANA

Para que Nos va a nombrar ahora la nostalgia tuviera
las mejores galas, a Odalys Interián
se le dio la traducción de Stefania Di Leo
el prólogo de Antonino Caponnetto, el epílogo
de Beppe Costa, el arte
de Miguel Elías.

www.ingramcontent.com/pod-product-compliance
Lightning Source LLC
Chambersburg PA
CBHW030813090426
42736CB00027B/529